Impressum
Verlag: BABADADA GmbH, Nedderfeld 112 , 22529 Hamburg
Geschäftsführer / Verlagsleitung: Harald Hof
Druck: Books on Demand GmbH, In de Tarpen 42, 22848 Norderstedt

Imprint
Publisher: BABADADA GmbH, Nedderfeld 112 , 22529 Hamburg, Germany
Managing Director / Publishing direction: Harald Hof
Print: Books on Demand GmbH, In de Tarpen 42, 22848 Norderstedt

el colegio
училище

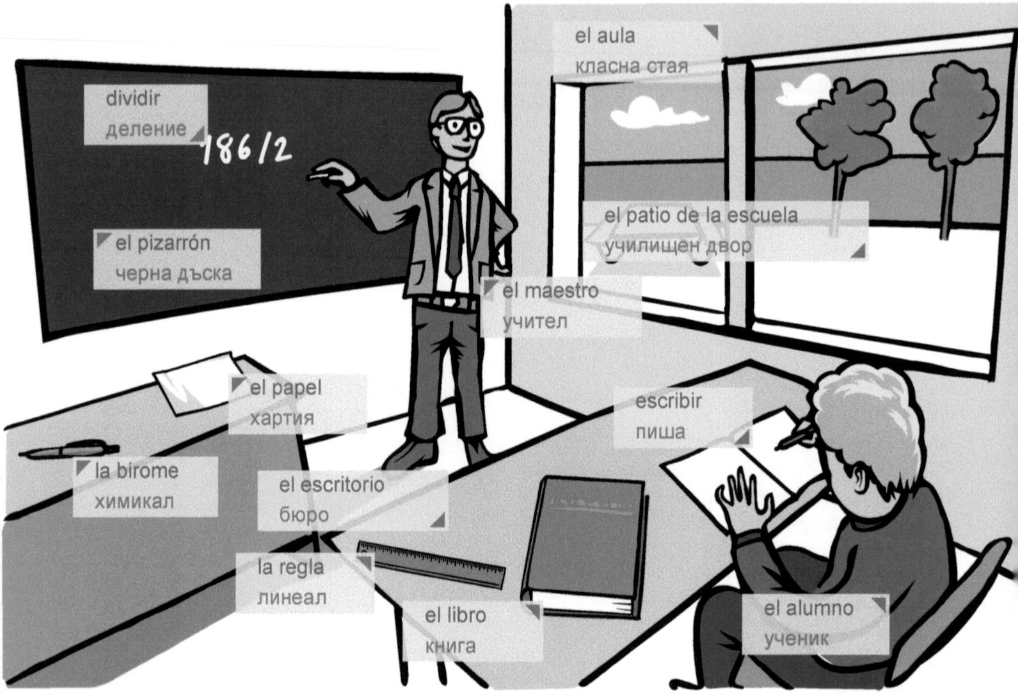

el aula
класна стая
dividir
деление
186/2
el pizarrón
черна дъска
el patio de la escuela
училищен двор
el maestro
учител
el papel
хартия
escribir
пиша
la birome
химикал
el escritorio
бюро
la regla
линеал
el libro
книга
el alumno
ученик

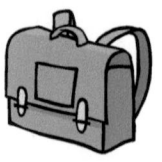

la mochila
ученическа раница

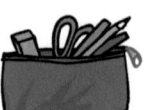

la caja de lápices
ученически несесер

el lápiz
молив

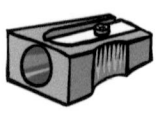

el sacapuntas
острилка за моливи

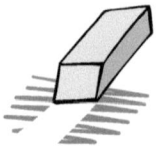

la goma (de borrar)
гума

el bloc de dibujo
блок за рисуване

el dibujo

рисунка

el pincel

четка

la caja de pinturas

акварелни бои

la tijera

ножица

el pegamento

лепило

el cuaderno de ejercicios

тетрадка за упражнения

la tarea

домашна работа

el número

число

sumar

събиране

restar

изваждане

multiplicar

умножение

calcular

смятане

la letra

буква

el abecedario

азбука

la palabra

дума

el texto

текст

leer

чета

la tiza

тебешир

la lección

час

el cuaderno de clase

дневник на класа

el examen

изпит

el certificado

свидетелство

el uniforme escolar

ученическа униформа

la educación

образование

la enciclopedia

справочник

la universidad

университет

el microscopio

микроскоп

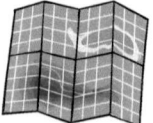

el mapa

карта

el tacho (de basura)

кошче за хартиени
отпадъци

el viaje
пътуване

el hotel
хотел
Grand
el hostel
хостел
ROOMS
la casa de cambio
обменно бюро
EXCHANGE
la valija
куфар
el auto
кола

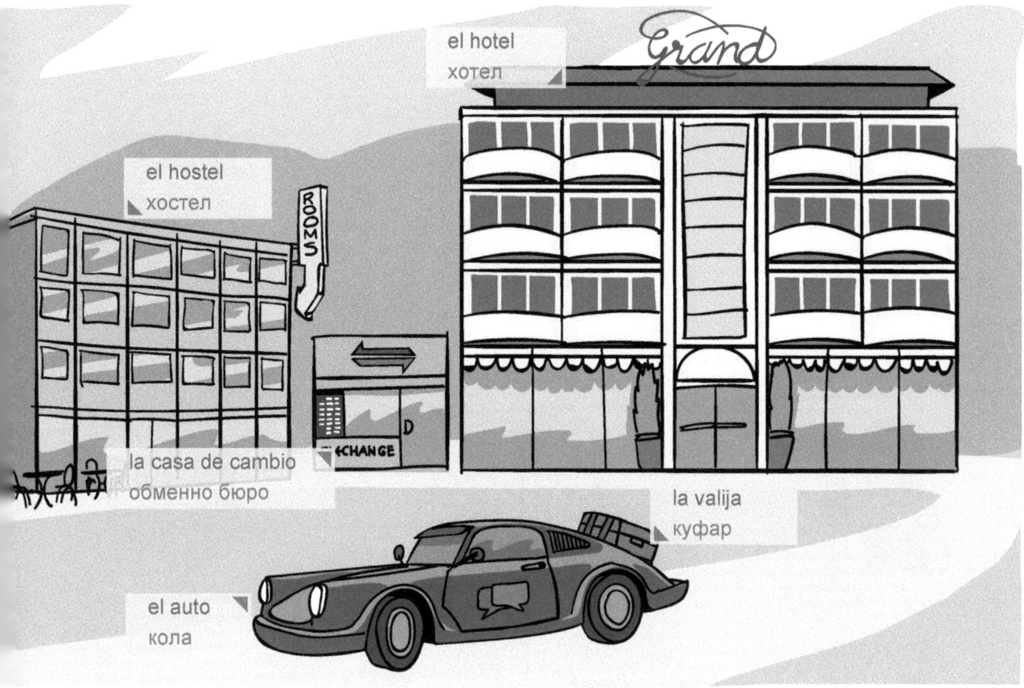

el idioma

език

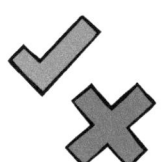

sí / no

да / не

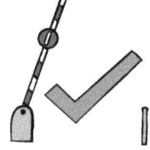

Está bien

Окей

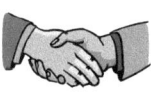

hola

здравей

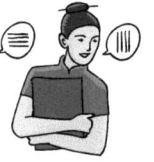

el traductor

преводач

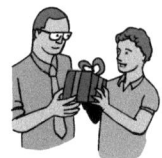

Gracias

Благодаря

¿cuánto cuesta...?

Колко струва...?

No entiendo

Не разбирам

el problema

проблем

¡Buenas tardes!

Добър вечер!

¡Buenos días!

Добро утро!

¡Buenas noches!

Лека нощ!

el adiós

довиждане

la dirección

посока

el equipaje

багаж

el bolso

пътна чанта

la mochila

раница

el invitado

посетител

la habitación

стая

la bolsa de dormir

спален чувал

la carpa

палатка

la información turística

уристическа информация

la playa

плаж

la tarjeta de crédito

кредитна карта

el desayuno

закуска

el almuerzo

обед

la cena

вечеря

el pasaje

билет

el ascensor

асансьор

el sello

пощенска марка

la frontera

граница

la aduana

митница

la embajada

посолство

la visa

виза

el pasaporte

паспорт

el transporte
транспорт

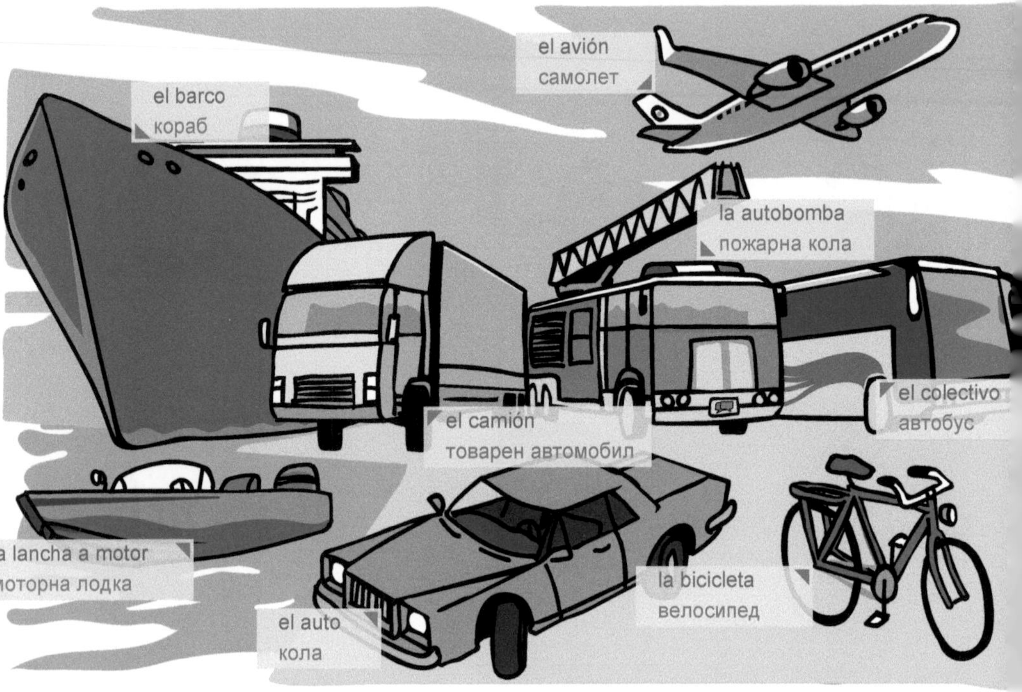
el avión
самолет
el barco
кораб
la autobomba
пожарна кола
el colectivo
автобус
el camión
товарен автомобил
la lancha a motor
моторна лодка
la bicicleta
велосипед
el auto
кола

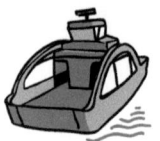

el ferry

ферибот

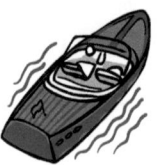

el bote

лодка

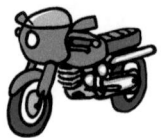

la moto

мотоциклет

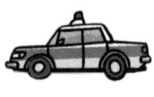

el patrullero

полицейска кола

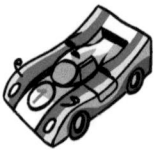

el auto de carreras

състезателна кола

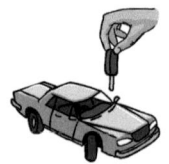

el auto de alquiler

кола под наем

el alquiler de autos

каршеринг

la grúa

автомобил от "Пътна помощ"

el camión de la basura

сметовоз

el motor

двигател

la nafta

бензин

la estación de servicio

бензиностанция

la señal de tránsito

пътен знак

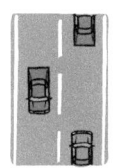

el tránsito

улично движение

el embotellamiento

задръстване

el estacionamiento

паркинг

la estación de tren

гара

las vías

релси

el tren

влак

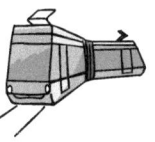

el tranvía

трамвай

el vagón

вагон

el helicóptero

хеликоптер

el aeropuerto

аерогара

la torre

кула

el pasajero

пасажер

el contenedor

контейнер

la caja de cartón

кашон

la carretilla

ръчна количка

la canasta

кошница

la despegar / aterrizar

излитам / приземявам се

la ciudad

град

el pueblo

село

el centro de la ciudad

градски център

la casa

къща

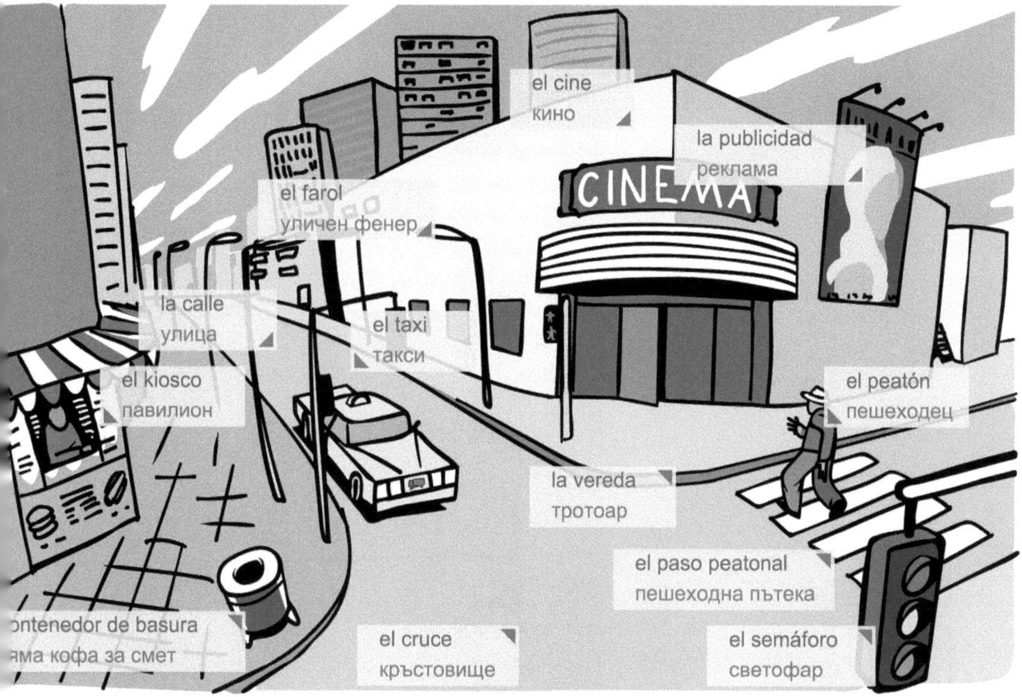

el cine
кино

la publicidad
реклама

el farol
уличен фенер

CINEMA

la calle
улица

el taxi
такси

el kiosco
павилион

el peatón
пешеходец

la vereda
тротоар

el paso peatonal
пешеходна пътека

ontenedor de basura
ма кофа за смет

el cruce
кръстовище

el semáforo
светофар

la cabaña
хижа

el departamento
жилище

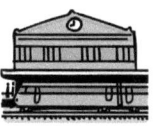

la estación de tren
гара

la municipalidad
кметство

el museo
музей

el colegio
училище

la universidad

университет

el banco

банка

el hospital

болница

el hotel

хотел

la farmacia

аптека

la oficina

офис

la librería

книжарница

el negocio

магазин за цветя

la florería

магазин за цветя

el supermercado

супермаркет

el mercado

пазар

las grandes tiendas

универсален магазин

la pescadería

търговец на риба

el centro comercial

търговски център

el puerto

пристанище

el parque

парк

el banco

пейка

el puente

мост

las escaleras

стълба

el subte

метро

el túnel

тунел

la parada del colectivo

автобусна спирка

el bar

бар

el restaurante

ресторант

el buzón

пощенска кутия

el letrero

улична табелка

el parquímetro

часовник за паркинг престой

el zoológico

зоологическа градина

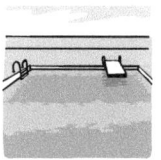

la pileta

плувен басейн

la mezquita

джамия

la granja

селски двор

la contaminación

замърсяване на околната среда

el cementerio

гробище

la iglesia

църква

los juegos infantiles

детска площадка

el templo

храм

el paisaje

пейзаж

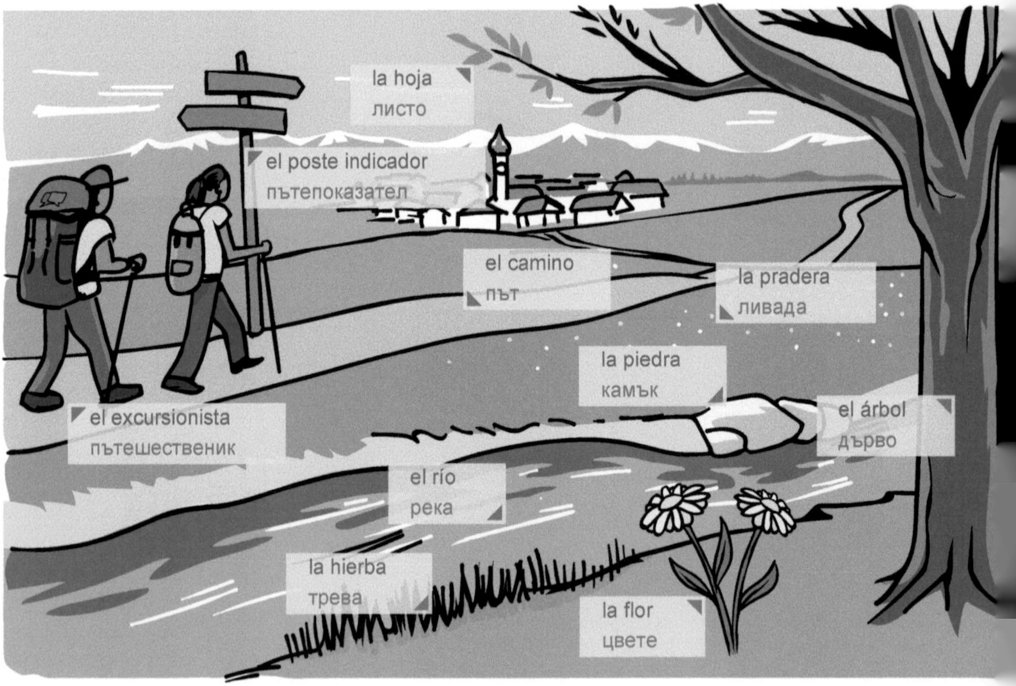

la hoja
листо

el poste indicador
пътепоказател

el camino
път

la pradera
ливада

la piedra
камък

el excursionista
пътешественик

el árbol
дърво

el río
река

la hierba
трева

la flor
цвете

el valle

долина

la montaña

планина

el lago

море

el bosque

гора

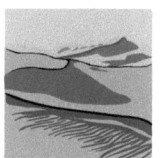

el desierto

пустиня

el volcán

вулкан

el castillo

замък

el arco iris

дъга

el champiñón

гъба

la palmera

палма

el mosquito

комар

la mosca

муха

la hormiga

мравка

la abeja

пчела

la araña

паяк

el escarabajo

бръмбар

la rana

жаба

la ardilla

катеричка

el erizo

таралеж

la liebre

заек

la lechuza

кукумявка

el pájaro

птица

el cisne

лебед

el jabalí

диво прасе

el ciervo

елен

el alce

лос

la presa

бент

el aerogenerador

вятърна турбина

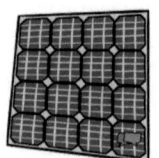

el panel solar

соларен модул

el clima

климат

el restaurante

ресторант

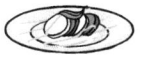

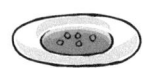

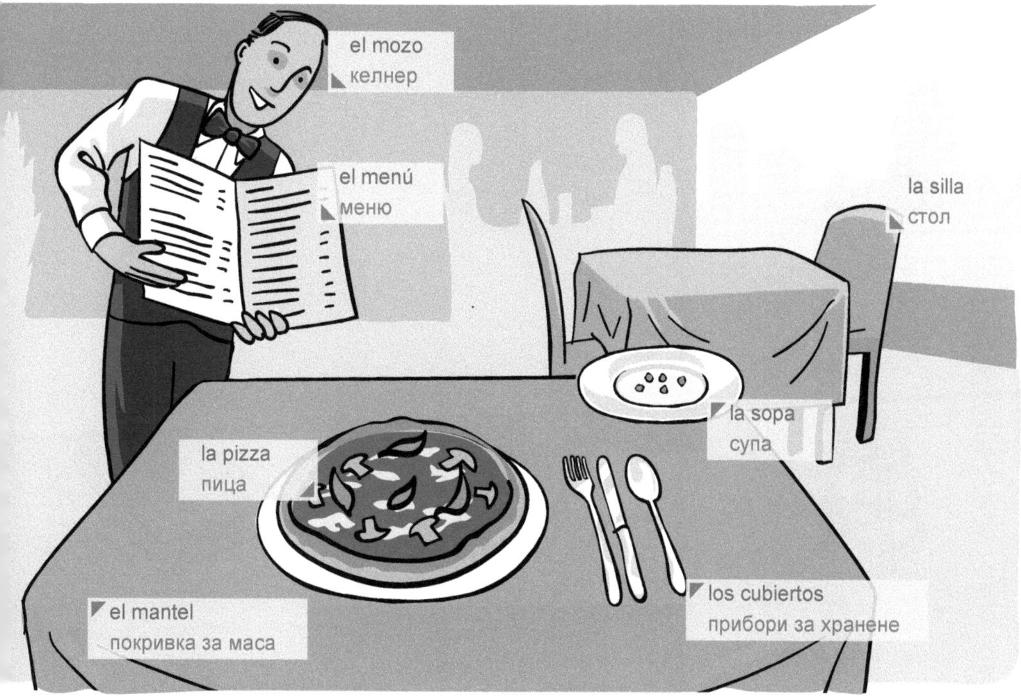
el mozo
келнер
el menú
меню
la silla
стол
la sopa
супа
la pizza
пица
los cubiertos
прибори за хранене
el mantel
покривка за маса

la entrada

предястие

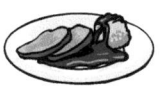

el plato principal

основно ястие

el postre

десерт

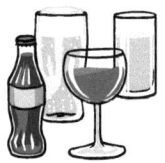

las bebidas

напитки

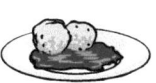

la comida

ядене

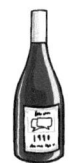

la botella

бутилка

la comida rápida

бързо хранене

la comida callejera

улична храна

la tetera

кана за чай

la azucarera

кутия за захар

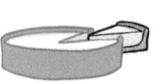

la porción

порция

la cafetera expreso

еспресо машина

la sillita alta

висок детски стол

la cuenta

сметка

la bandeja

табла

el cuchillo

ножица за нокти

el tenedor

вилица

la cuchara

лъжица

la cucharita

чаена лъжичка

la servilleta

салфетка

el vaso

стъклена чаша

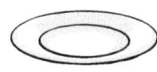

el plato

чиния

el plato hondo

чиния за супа

el plato

чинийка

la salsa

сос

el salero

солница

el molinillo de pimienta

мелничка за черен пипер

el vinagre

оцет

el aceite

олио

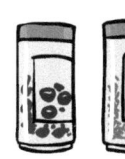

las especias

подправки

el kétchup

кетчуп

la mostaza

горчица

la mayonesa

майонеза

el supermercado

супермаркет

la oferta especial
оферта
FOR
el cliente
клиент
los lácteos
млечни продукти
la fruta
плодове
el changuito
количка за покупки

BUTCHERS

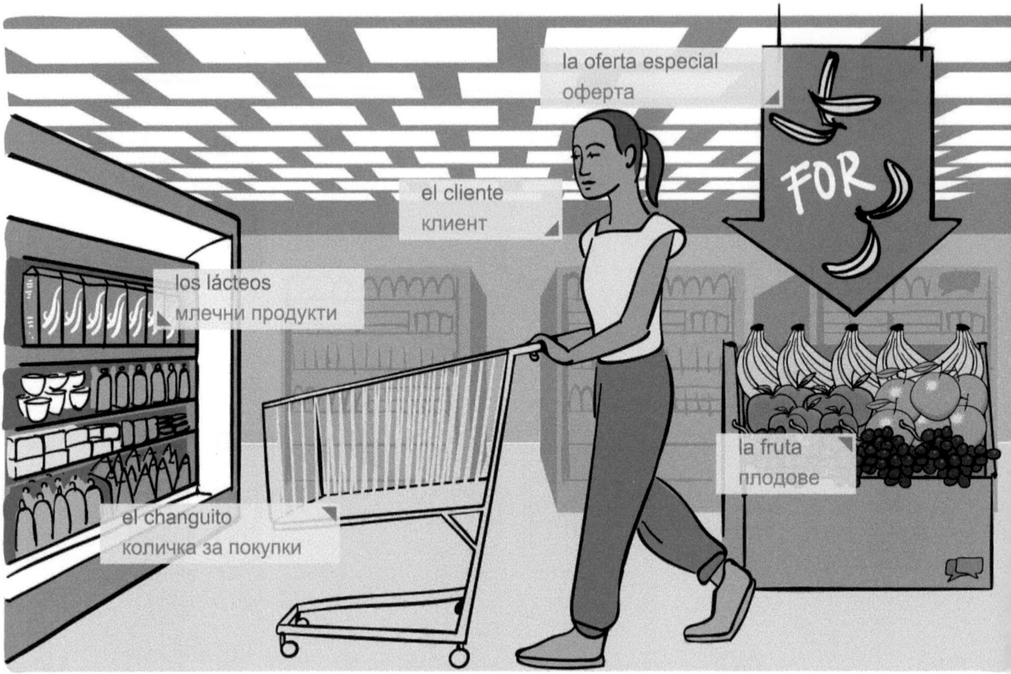

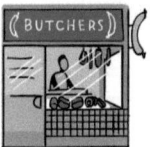

la carnicería

кланица

BAKERY

la panadería

хлебарница

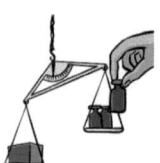

pesar

тегля

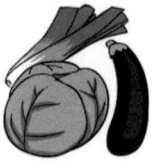

las verduras

зеленчуци

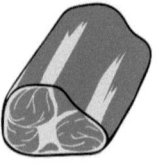

la carne

месо

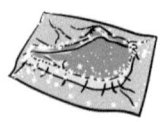

los alimentos congelados

дълбоко замразена храна

los fiambres

нарязан колбас или сирене

los alimentos enlatados

консерви

el detergente en polvo

перилен препарат

las golosinas

лакомства

los electrodomésticos

домакински изделия

los productos de limpieza

почистващи препарати

la vendedora

продавачка

la caja

каса

el cajero

касиер

la lista de compras

списък на покупките

el horario de atención

работно време

la billetera

портфейл

la tarjeta de crédito

кредитна карта

la cartera

чанта

la bolsa de plástico

пластмасова торба

el agua

вода

el jugo

сок

la leche

мляко

la bebida cola

кола

el vino

вино

la cerveza

бира

el alcohol

алкохол

el cacao

какао

el té

чай

el café

кафе машина

el café expreso

еспресо

el cappuccino

капучино

la banana

банан

la manzana

ябълка

la naranja

портокал

el melón

пъпеш

el limón

лимон

la zanahoria

морков

el ajo

чесън

el bambú

бамбук

la cebolla

лук

el champiñón

гъба

las nueces

ядки

los fideos

макарони

los tallarines

спагети

el arroz

ориз

la ensalada

салата

las papas fritas

пържени картофи

las papas fritas

печени картофи

la pizza

пица

la hamburguesa

хамбургер

el sándwich

сандвич

el churrasco

шницел

el jamón

шунка

el salame

траен колбас

la salchicha

салам

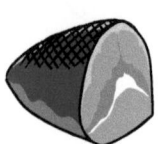

el pollo

пиле

el asado

печено

el pescado

риба

la comida - ядене

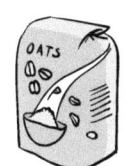 

los copos de avena

овесени ядки

el muesli

мюсли

los copos de maíz

корнфлейкс

la harina

брашно

la medialuna

кроасан

el pancito

хлебчета

el pan

хляб

la tostada

препечена филийка

las galletitas

бисквити

la manteca

масло

la cuajada

извара

la torta

сладкиш

el huevo

яйце

el huevo frito

яйца на очи

el queso

сирене

el helado

сладолед

el azúcar

захар

la miel

мед

la mermelada

мармалад

la pasta de chocolate

нуга крем

el curry

къри

la granja

селски двор

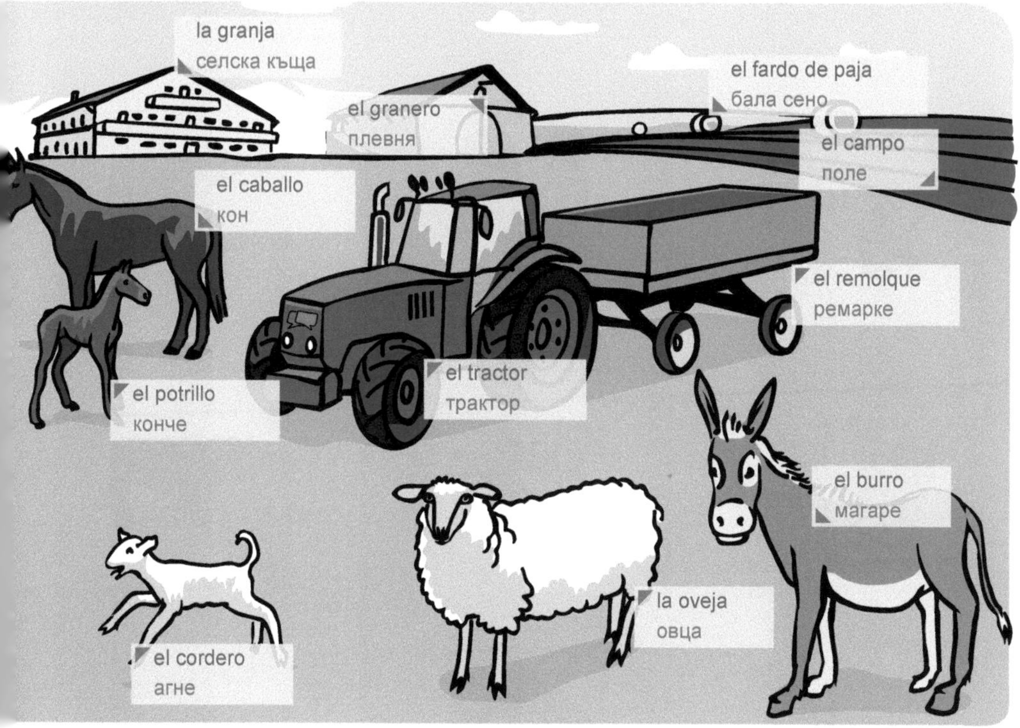
la granja
селска къща
el granero
плевня
el fardo de paja
бала сено
el campo
поле
el caballo
кон
el remolque
ремарке
el tractor
трактор
el potrillo
конче
el burro
магаре
la oveja
овца
el cordero
агне

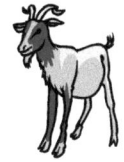

la cabra

коза

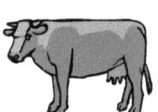

la vaca

крава

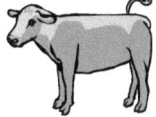

el ternero

теле

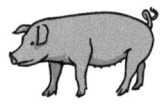

el cerdo

свиня

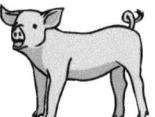

el lechón

прасенце

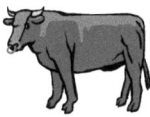

el toro

бик

el ganso

гъска

el pato

патица

el pollo

пиленце

la gallina

кокошка

el gallo

петел

la rata

плъх

el gato

котка

el ratón

мишка

el buey

вол

el perro

куче

la cucha

кучешка колиба

la manguera

градински маркуч

la regadera

лейка

la guadaña

коса

el arado

плуг

la hoz

сърп

la azada

мотика

la horquilla

вила за тор

el hacha

брадва

la carretilla

ръчна количка

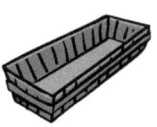

el abrevadero

корито

la lechera

съд за мляко

la bolsa

чувал

la reja

ограда

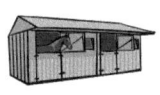

el establo

обор

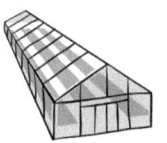

el invernadero

парник

el suelo

земя

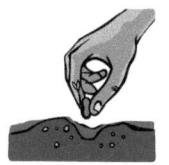

la semilla

сеитба

el fertilizador

тор

la cosechadora

комбайн

la granja - селски двор

cosechar

жъна

la cosecha

реколта

las batatas

ямс

el trigo

жито

la soja

соя

la papa

картоф

el maíz

царевица

la semilla de colza

рапица

el árbol frutal

овощно дърво

la mandioca

маниока

los cereales

зърнени храни

la casa
къща

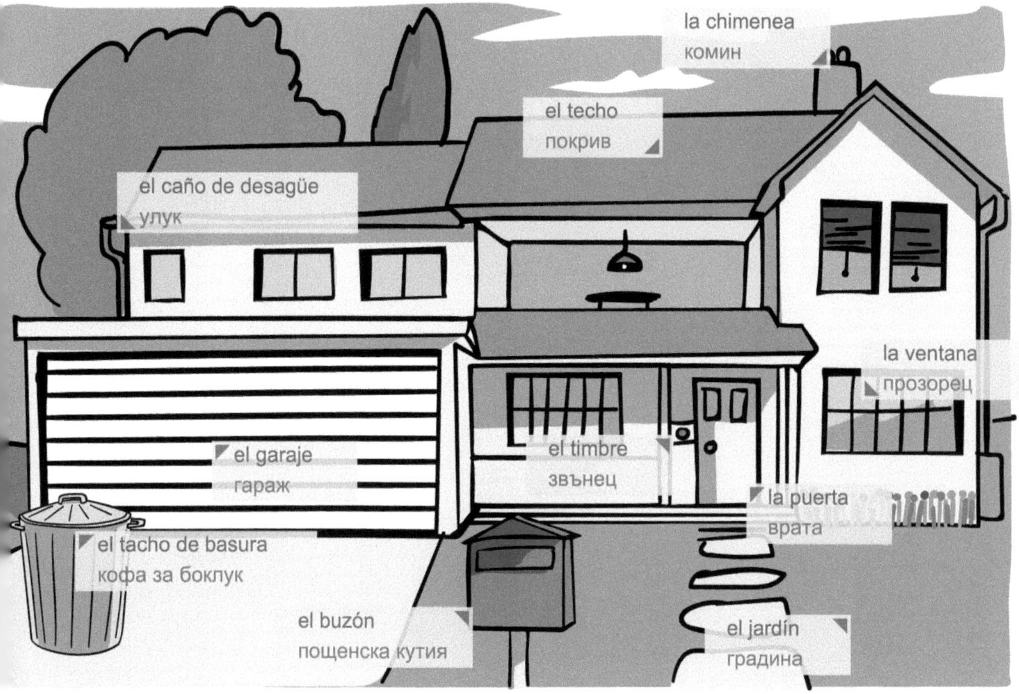

la chimenea
комин
el techo
покрив
el caño de desagüe
улук
la ventana
прозорец
el garaje
гараж
el timbre
звънец
la puerta
врата
el tacho de basura
кофа за боклук
el buzón
пощенска кутия
el jardín
градина

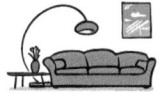

el living
всекидневна

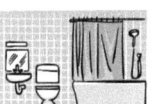

el baño
баня

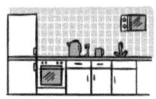

la cocina
кухня

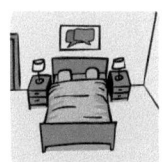

el dormitorio
спалня

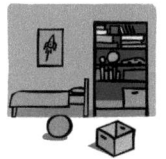

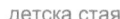

el cuarto de los chicos
детска стая

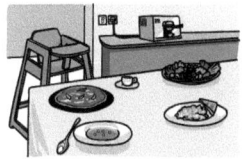

el comedor
трапезария

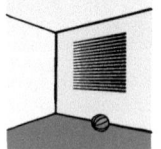

el piso
под

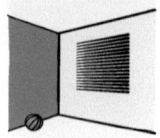

la pared
стена

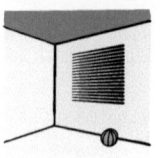

el cielorraso
таван

el sótano
изба

el sauna
сауна

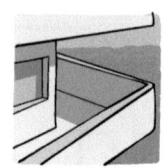

el balcón
балкон

la terraza
тераса

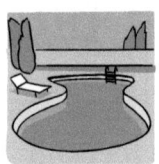

la pileta
плувен басейн

la cortadora de pasto
косачка

la sábana
спално бельо

el acolchado
покривка за легло

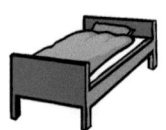

la cama
легло

la escoba
метла

el balde
кофа

el interruptor
електрически ключ

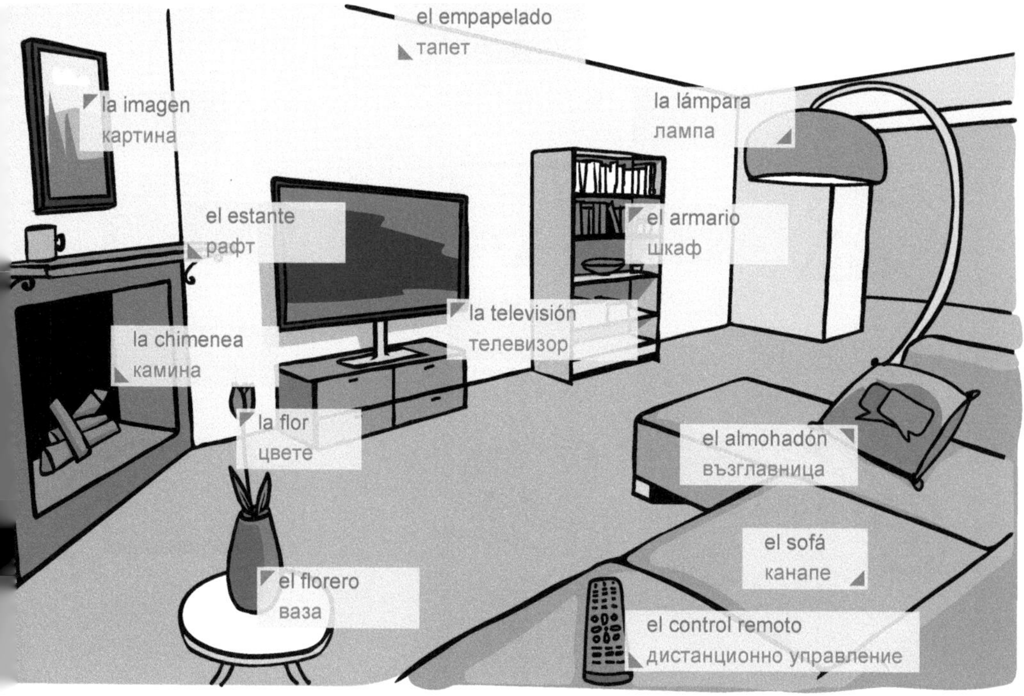

el empapelado
тапет

la imagen
картина

la lámpara
лампа

el estante
рафт

el armario
шкаф

la televisión
телевизор

la chimenea
камина

la flor
цвете

el almohadón
възглавница

el sofá
канапе

el florero
ваза

el control remoto
дистанционно управление

la alfombra
килим

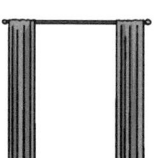

la cortina
завеса

la mesa
маса

la silla
стол

la mecedora
люлеещ се стол

el sillón
кресло

el libro

книга

la frazada

одеяло

la decoración

декорация

la leña

дърва за отопление

la película

филм

el equipo de música

стерео уредба

la llave

ключ

el diario

вестник

la pintura

живопис

el póster

постер

la radio

радио

el cuaderno

бележник

la aspiradora

прахосмукачка

el cactus

кактус

la vela

свещ

la cocina
кухня

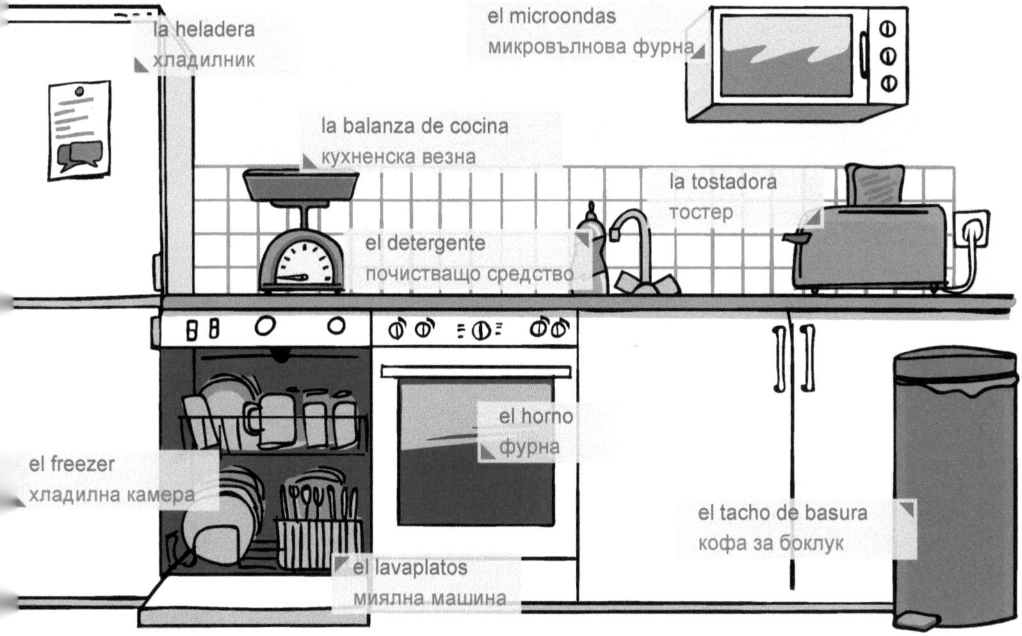

la heladera
хладилник
el microondas
микровълнова фурна
la balanza de cocina
кухненска везна
la tostadora
тостер
el detergente
почистващо средство
el horno
фурна
el freezer
хладилна камера
el tacho de basura
кофа за боклук
el lavaplatos
миялна машина

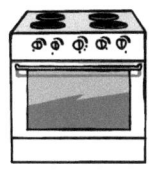

la cocina
....
готварска печка

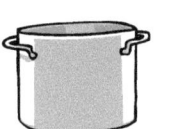

la olla
....
тенджера

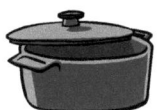

la olla de hierro fundido
....
желязна тенджера

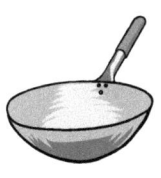

el wok
....
уок / кадаи

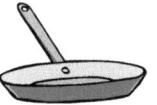

la sartén
....
тиган

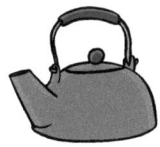

la pava
....
кана за затопляне на вода

la vaporera

уред за готвене на пара

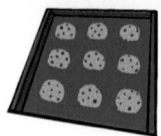

la bandeja de horno

тава за печене

la vajilla

съдове

la taza

чаша

el bol

купа

los palitos

клечки за хранене

el cucharón

черпак

la espátula

лопатка за тиган

la batidora

тел за разбиване (на яйца, белтъци)

el colador

кошница за варене

el colador

гевгир

el rallador

ренде

el mortero

хаван

la parrilla

барбекю

la fogata

огнище

la tabla de picar

дъска

el palo de amasar

точилка

el sacacorchos

тирбушон

la lata

кутия

el abrelatas

отварачка за консерви

la manopla

кухненска ръкохватка

la pileta

мивка

el cepillo

четка

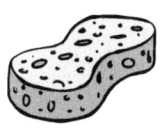

la esponja

гъба

la batidora

миксер

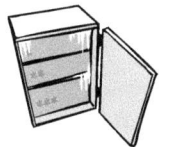

el congelador

фризер

la mamadera

бебешко шише

la canilla

воден кран

el baño

баня

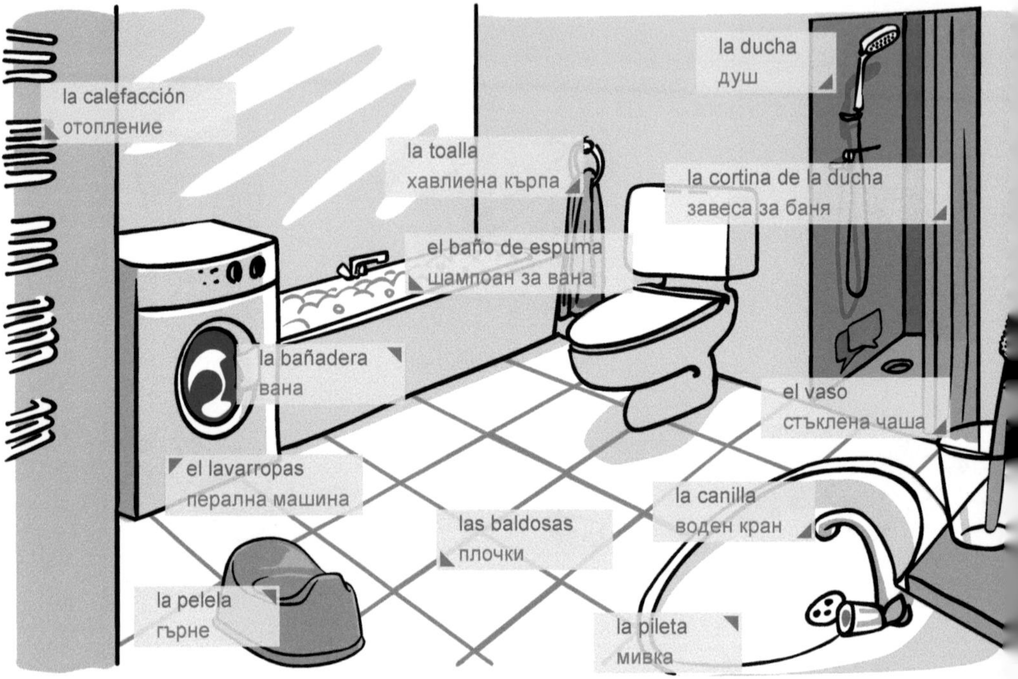

la calefacción
отопление
la toalla
хавлиена кърпа
la ducha
душ
la cortina de la ducha
завеса за баня
el baño de espuma
шампоан за вана
la bañadera
вана
el vaso
стъклена чаша
el lavarropas
перална машина
la canilla
воден кран
las baldosas
плочки
la pelela
гърне
la pileta
мивка

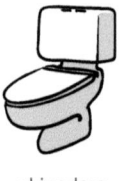

el inodoro

тоалетна

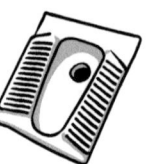

la letrina

клекало

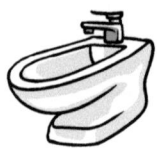

el bidé

биде

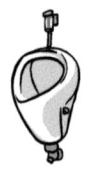

el mingitorio

писоар

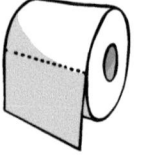

el papel higiénico

тоалетна хартия

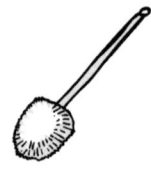

el cepillo para el inodoro

четка за тоалетна

el cepillo de dientes

четка за зъби

el dentífrico

паста за зъби

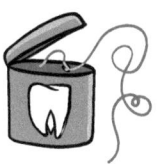

el hilo dental

конец за зъби

lavar

мия

la ducha de mano

ръчен душ

la ducha higiénica

интимен душ

la palangana

леген

el cepillo para la espalda

четка за гръб

el jabón

сапун

el gel de ducha

душ гел

el shampoo

шампоан за вана

la toallita

гъба за баня

el desagüe

сифон

la crema

крем

el desodorante

дезодорант

el espejo

огледало

el espejito

козметично огледало

la maquinita de afeitar

ръчна самобръсначка

la espuma de afeitar

пяна за бръснене

el aftershave

одеколон за след
бръснене

el peine

гребен

el cepillo

четка

el secador de pelo

сешоар

el spray

спрей за коса

el maquillaje

грим

el lápiz de labios

червило

el esmalte para uñas

лак за нокти

el algodón

памук

la tijera para uñas

ножица за нокти

el perfume

парфюм

el portacosméticos

тоалетна чантичка

la banqueta

табуретка

la balanza

везна

la bata

хавлия

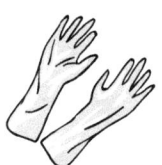

los guantes de goma

домакински ръкавици

el tampón

тампон

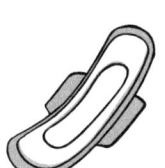

la toallita femenina

дамски преврзки

el baño químico

химическа тоалетна

el cuarto de los chicos

детска стая

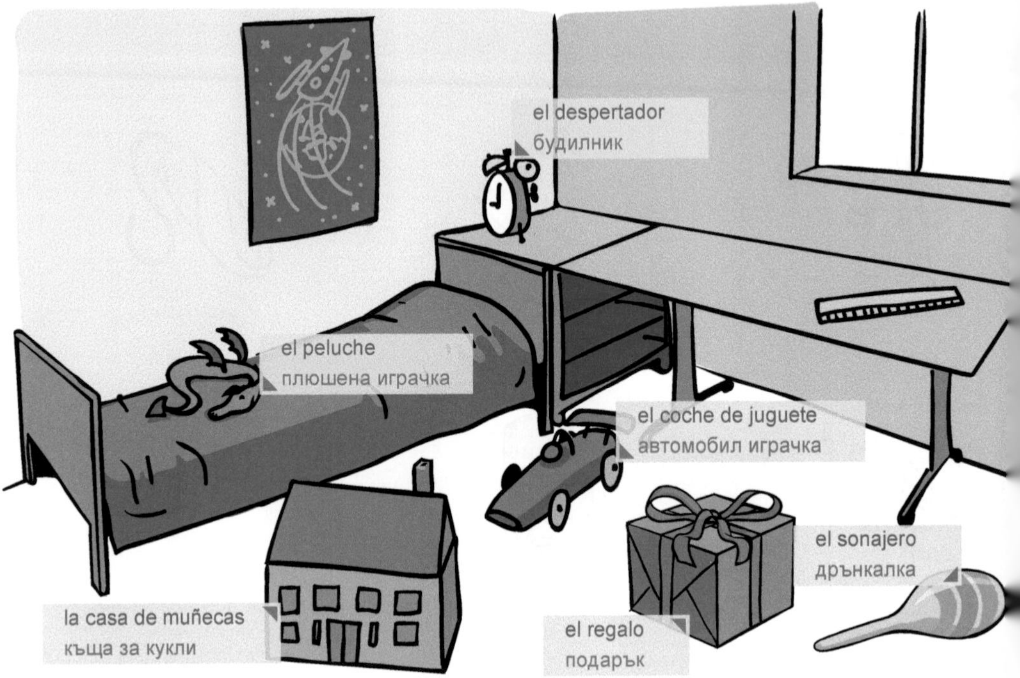

el despertador
будилник
el peluche
плюшена играчка
el coche de juguete
автомобил играчка
el sonajero
дрънкалка
la casa de muñecas
къща за кукли
el regalo
подарък

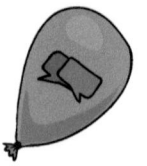

el globo

балон

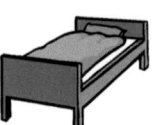

la cama

легло

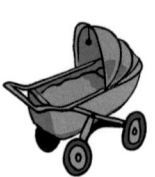

el cochecito

детска количка

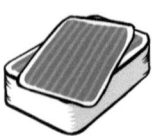

las cartas

игра на карти

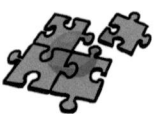

el rompecabezas

пъзел

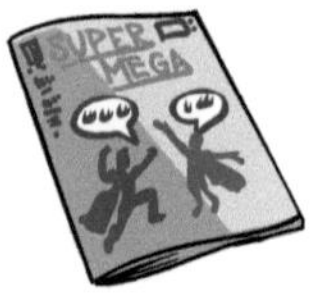

la historieta

комикс

las piezas de lego

лего елементи

los ladrillos de juguete

строителни елементи

la figura de acción

екшън фигурка

el enterito (de bebé)

бебешки гащеризон

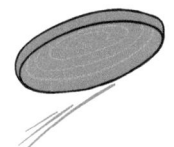

el frisbee

фрисби

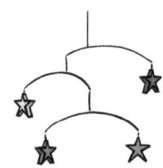

el móvil para bebés

бебешки играчки за легло

el juego de mesa

настолна игра

los dados

зарче

el tren eléctrico

миниатюрно влакче

el chupete

биберон

la fiesta

парти

el libro de cuentos ilustrado

детска книга с илюстрации

la pelota

топка

la muñeca

кукла

jugar

играя

el arenero

пясъчник

la hamaca

люлка

los juguetes

играчка

la consola de videojuegos

игрова конзола

el triciclo

велосипед с три колелета

el osito de peluche

плюшено мече

el armario

гардероб

la ropa

облекло

las medias

къси чорапи

las medias panty

дълги чорапи

las calzas

чорапогащник

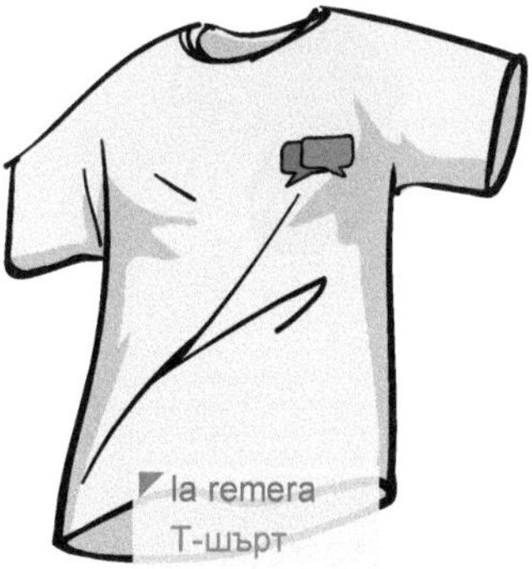

la bufanda
шал

el cinturón
колан

el paraguas
чадър

la remera
Т-шърт

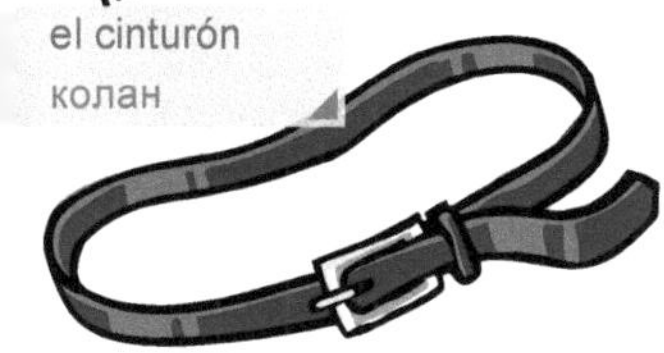

las zapatillas
гуменки

las botas
ботуши

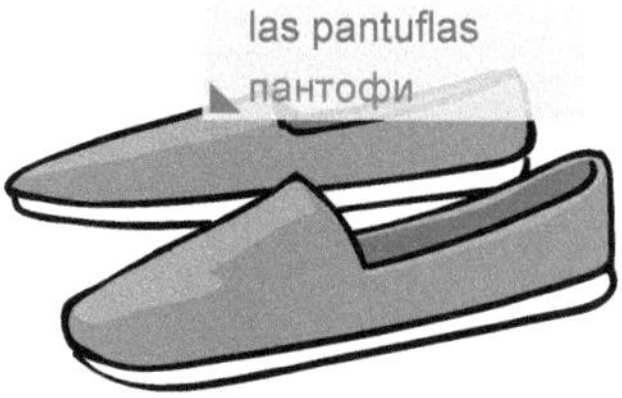

las pantuflas
пантофи

las sandalias

сандали

los zapatos

обувки

las botas de goma

гумени ботуши

la ropa interior

слип

el corpiño

сутиен

el chaleco

долна блуза

el body

боди

los pantalones

панталон

los jeans

дънки

la pollera

пола

la blusa

блуза

la camisa

риза

el pulóver

пуловер

el buzo

суичър

el blazer

блейзър

la campera

яке

el tapado

палто

el piloto

дъждобран

el traje

костюм

el vestido

рокля

el vestido de novia

булчинска рокля

el traje
костюм

el camisón
нощница

el pijama
пижама

el sari
сари

el pañuelo para la cabeza
кърпа за глава

el turbante
тюрбан

la burka
бурка

el caftán
кафтан

la abaya
абая

el traje de baño
бански костюм

el short de baño
плувни шорти

los shorts
къс панталон

el jogging
анцуг

el delantal
престилка

los guantes
ръкавици

el botón

копче

los anteojos

очила

la pulsera

гривна

el collar

верижка

el anillo

пръстен

el aro

обеца

la gorra

каскет

la percha

закачалка

el sombrero

шапка

la corbata

вратовръзка

el cierre

цип

el casco

каска

los tiradores

тиранти

el uniforme escolar

ученическа униформа

el uniforme

униформа

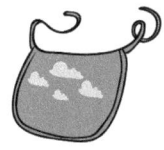

el babero

лигавник

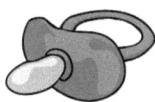

el chupete

биберон

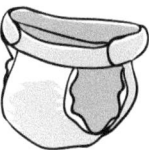

el pañal

пелена

la oficina
офис

el servidor
сървър
el archivero
шкаф за документи
la impresora
принтер
el papel
хартия
el monitor
монитор
el escritorio
бюро
el mouse
мишка
la carpeta
папка
el teclado
клавиатура
el tacho (de basura)
кошче за хартиени отпадъци
la computadora
компютър
la silla
стол

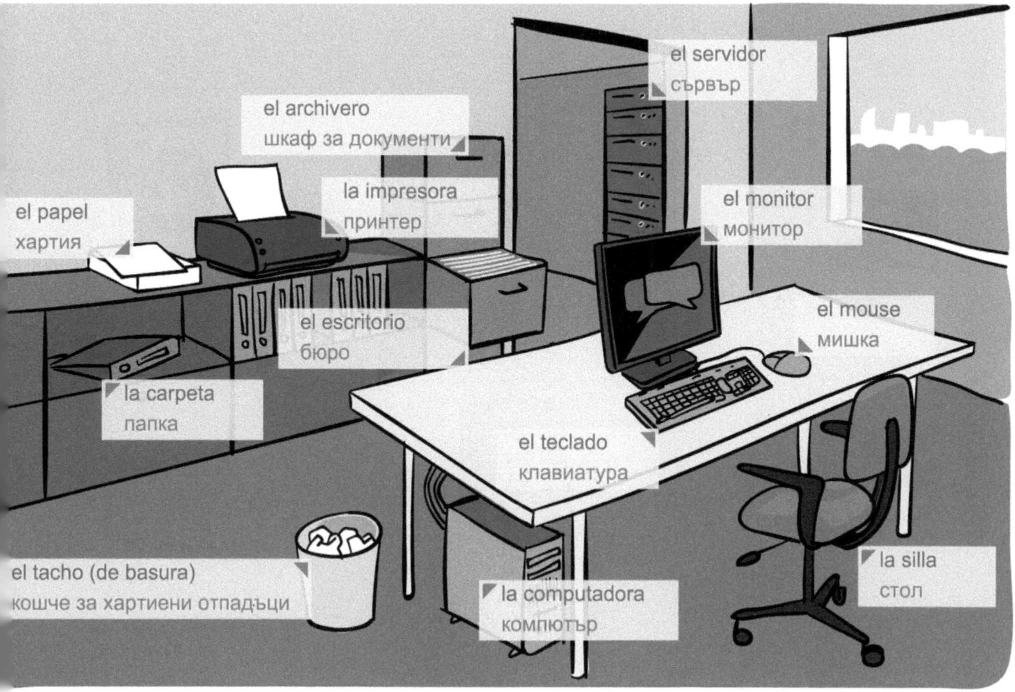

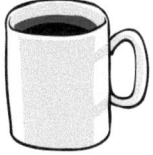

la taza de café

чаша за кафе

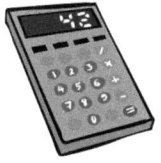

la calculadora

джобен калкулатор

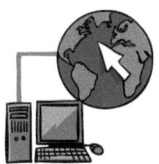

el internet

интернет

la laptop

лаптоп

la carta

писмо

el mensaje

съобщение

el celular

мобилен телефон

la red

мрежа

la fotocopiadora

ксерокс

el software

софтуер

el teléfono

телефон

el tomacorriente

контакт

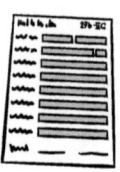

el fax

факс

el formulario

формуляр

el documento

документ

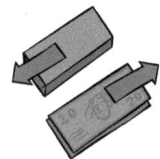

comprar

купувам

pagar

плащам

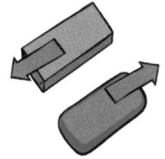

hacer negocios

търгувам

el dinero

пари

el dólar

долар

el euro

евро

el yen

йена

el rublo

рубла

el franco suizo

швейцарски франк

el yuan

ренминби юан

la rupia

рупия

el cajero automático

банкомат

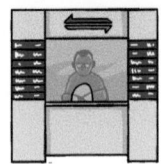

la casa de cambio

обменно бюро

el oro

злато

la plata

сребро

el petróleo

нефт

la energía

енергия

el precio

цена

el contrato

договор

el impuesto

данък

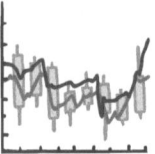

la acción

акция

trabajar

работя

el empleado

служител

el empleador

работодател

la fábrica

фабрика

el negocio

магазин за цветя

las ocupaciones
професии

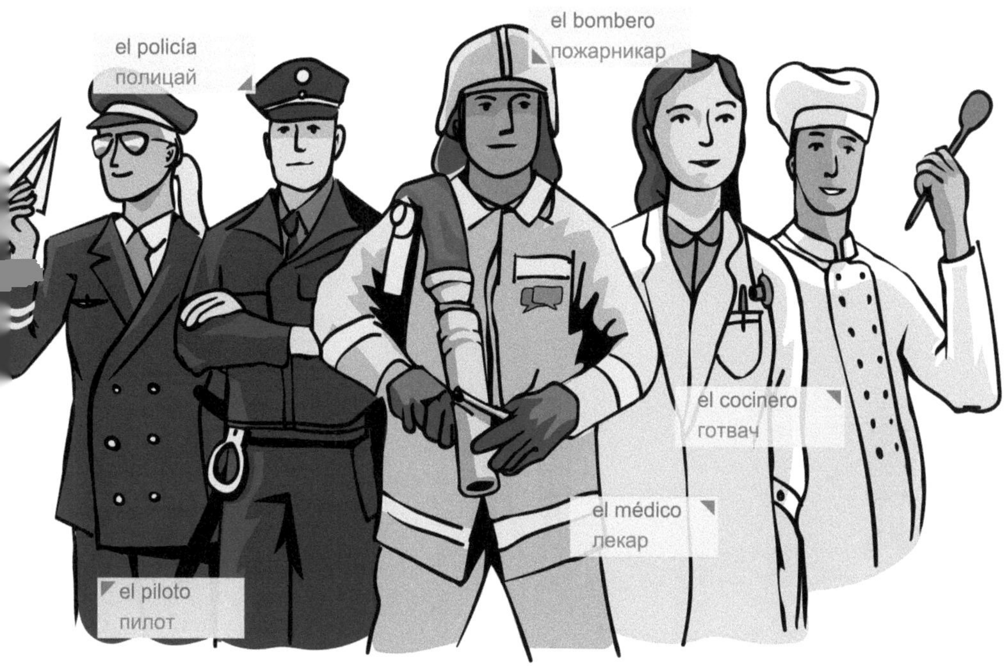
el policía
полицай
el bombero
пожарникар
el cocinero
готвач
el médico
лекар
el piloto
пилот

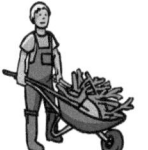

el jardinero
градинар

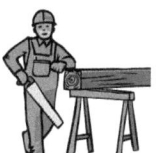

el carpintero
мебелист

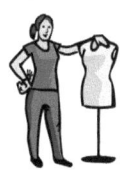

la modista
шивачка

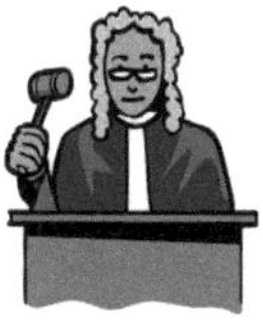

el juez
съдия

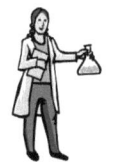

el farmacéutico
химик

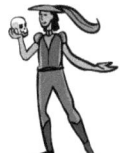

el actor
артист

el colectivero

шофьор на автобус

el taxista

шофьор на такси

el pescador

рибар

la mucama

чистачка

el techista

майстор на покриви

el mozo

келнер

el cazador

ловец

el pintor

художник

el panadero

хлебар

el electricista

електротехник

el albañil

строителен работник

el ingeniero

инженер

el carnicero

касапин

el plomero

тенекеджия

el cartero

пощальон

el soldado

войник

el arquitecto

архитект

el cajero

касиер

el florista

цветар

el peluquero

фризьор

el cobrador

кондуктор

el mecánico

механик

el capitán

капитан

el dentista

зъболекар

el científico

научен работник

el rabino

равин

el imán

имàм

el monje

монах

el sacerdote

свещеник

las herramientas
инструменти

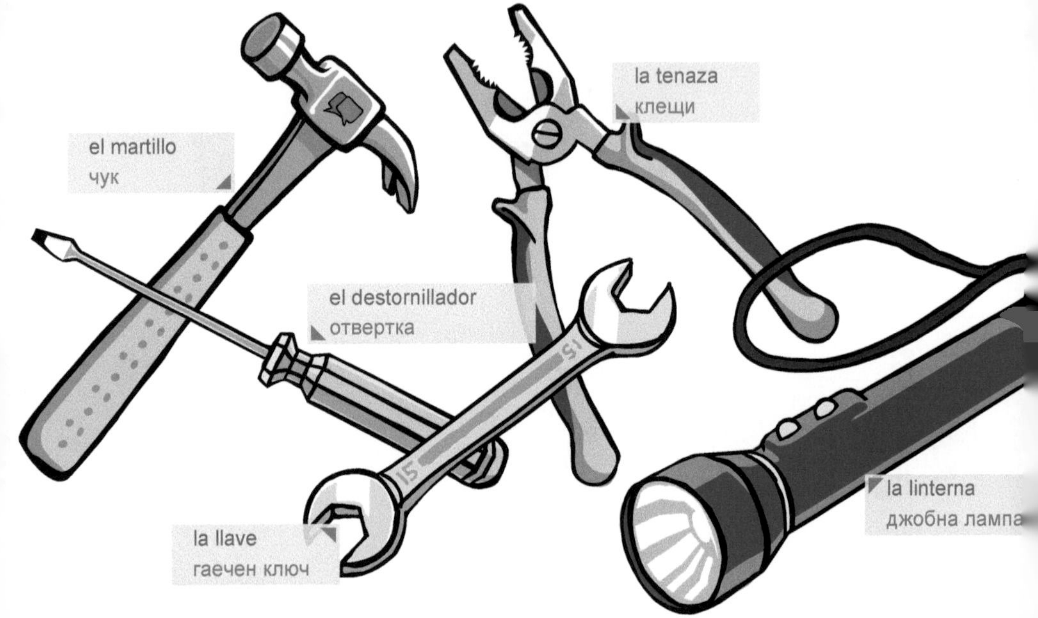
la tenaza
клещи
el martillo
чук
el destornillador
отвертка
la llave
гаечен ключ
la linterna
джобна лампа

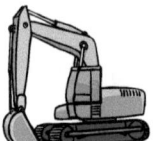

la excavadora

багер

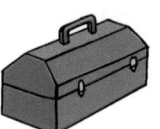

la caja de herramientas

кутия за инструменти

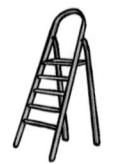

la escalera portátil

стълба

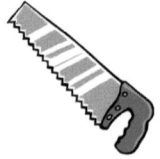

la sierra

трион

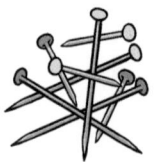

los clavos

пирони

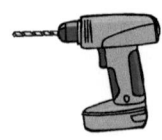

el taladro

бормашина

arreglar

ремонтирам

la pala de jardín

лопата

¡Qué bronca!

По дяволите!

la pala de plástico

лопатка за смет

el tacho de pintura

кутия за боя

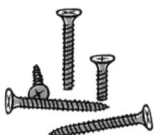

los tornillos

болтове

los instrumentos musicales
музикални инструменти

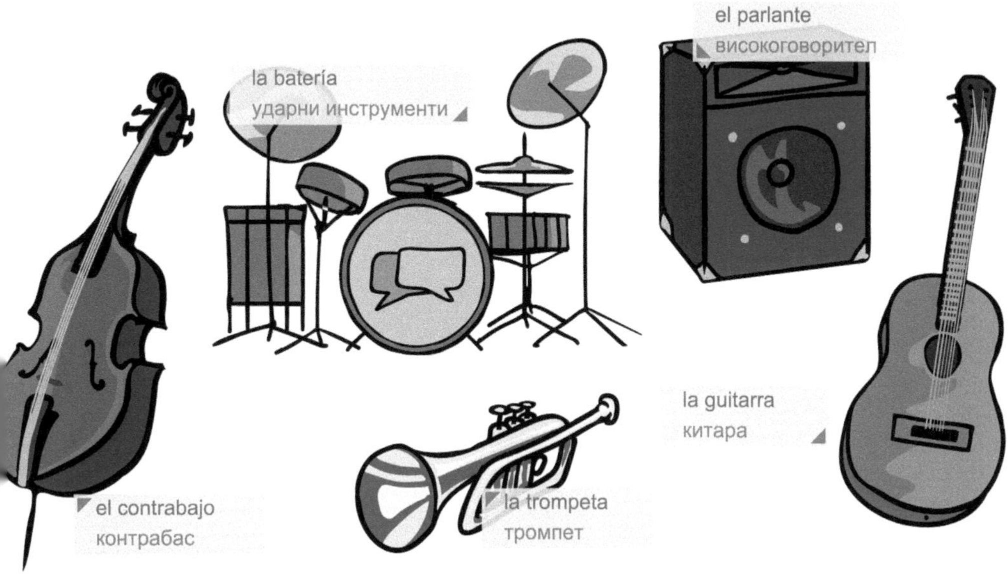

la batería
ударни инструменти

el parlante
високоговорител

la guitarra
китара

el contrabajo
контрабас

la trompeta
тромпет

el piano

пиано

el violín

виолина

el bajo

контрабас

los timbales

тимпан

el tambor

барабан

el teclado

електрическо пиано

el saxofón

саксофон

la flauta

флейта

el micrófono

микрофон

el zoológico

зоологическа градина

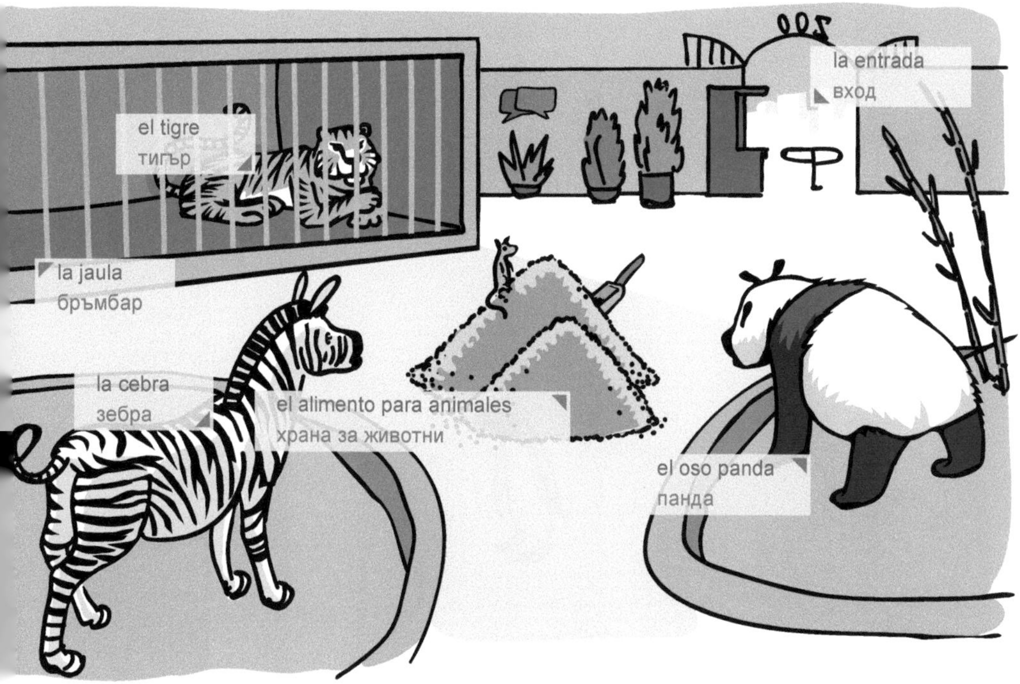
la entrada
вход
el tigre
тигър
la jaula
бръмбар
la cebra
зебра
el alimento para animales
храна за животни
el oso panda
панда

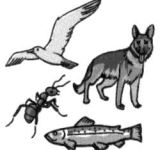

los animales

животни

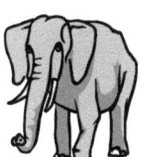

el elefante

слон

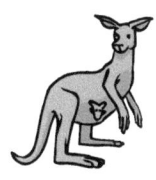

el canguro

кенгуру

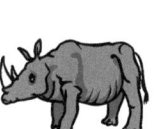

el rinoceronte

носорог

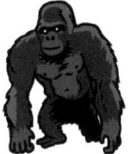

el gorila

горила

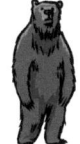

el oso

мечка

el camello

камила

el avestruz

щраус

el león

лъв

el mono

маймуна

el flamenco

фламинго

el loro

папагал

el oso polar

бяла мечка

el pingüino

пингвин

el tiburón

акула

el pavo real

паун

la serpiente

змия

el cocodrilo

крокодил

el cuidador del zoológico

пазач в зоологическа
градина

la foca

тюлен

el jaguar

ягуар

el poni

пони

el leopardo

леопард

el hipopótamo

хипопотам

la jirafa

жираф

el águila

орел

el jabalí

диво прасе

el pescado

риба

la tortuga

костенурка

la morsa

морж

el zorro

лисица

la gacela

газела

el fútbol americano
американски футбол

el ciclismo
колоездене

el tenis
тенис

el básquet
баскетбол

la natación
плуване

el boxeo
бокс

el hockey sobre hielo
хокей на лед

el fútbol
футбол

el bádminton
бадминтон

el atletismo
лека атлетика

el handball
хандбал

el esquí
ски бягане

el polo
поло

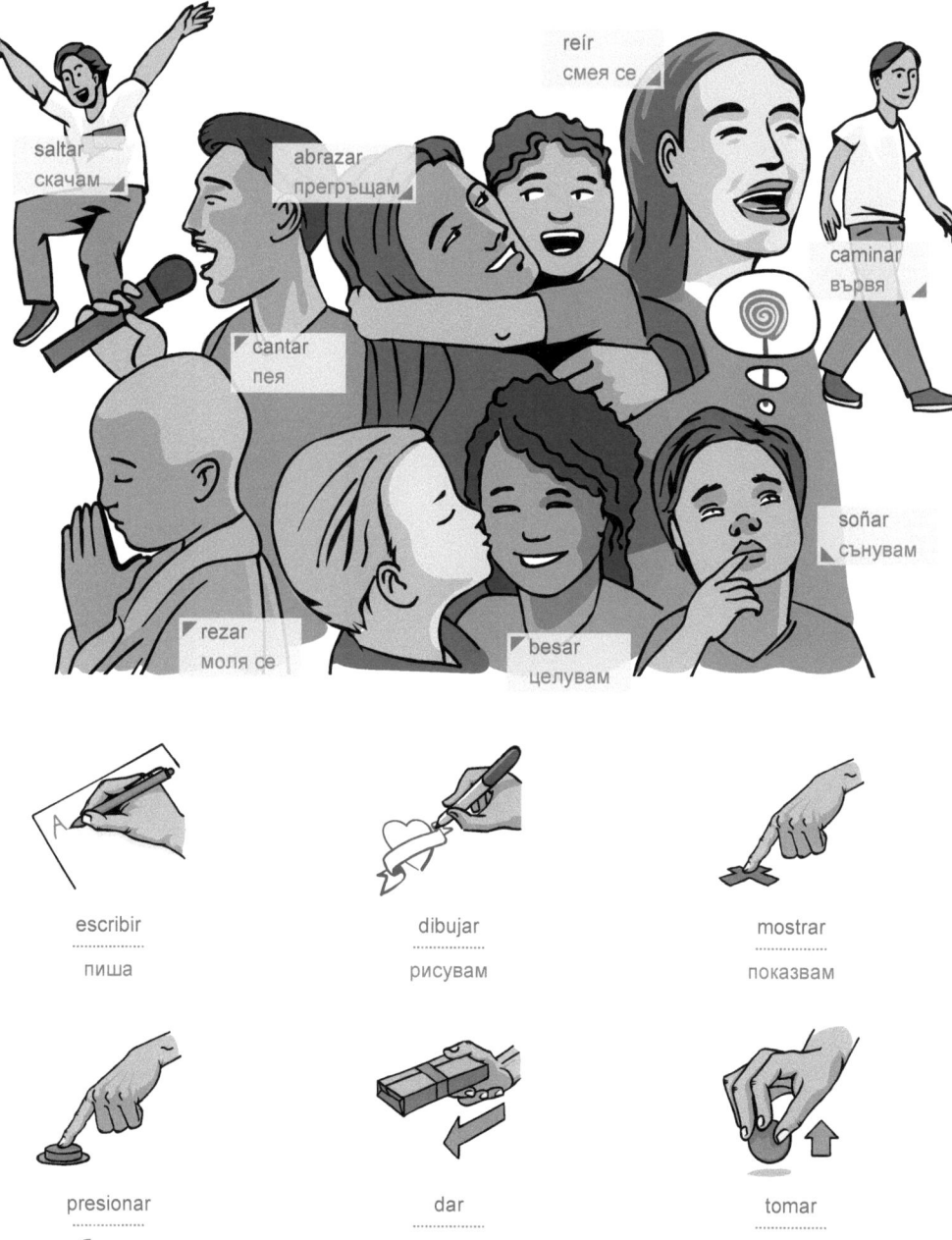

saltar
скачам

reír
смея се

abrazar
прегръщам

caminar
вървя

cantar
пея

soñar
сънувам

rezar
моля се

besar
целувам

escribir
пиша

dibujar
рисувам

mostrar
показвам

presionar
бутам

dar
давам

tomar
взимам

las actividades - дейности

63

tener
имам

hacer
правя

ser
съм

estar parado
стоя

correr
тичам

tirar
дърпам

tirar
хвърлям

caer
падам

estar acostado
лежа

esperar
чакам

llevar
нося

estar sentado
седя

vestirse
обличам

dormir
спя

despertar
събуждам се

mirar

разглеждам

llorar

плача

acariciar

милвам

peinar

реша се

hablar

говоря

entender

разбирам

preguntar

питам

escuchar

слушам

beber

пия

comer

ям

ordenar

разтребвам

amar

обичам

cocinar

готвя

manejar

карам автомобил

volar

летя

navegar

плавам (с платна)

calcular

смятане

leer

чета

aprender

уча

trabajar

работя

casarse

женя се

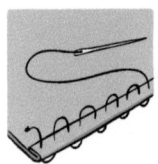

coser

шия

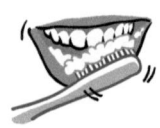

cepillarse los dientes

измивам си зъбите

matar

убивам

fumar

пуша

enviar

изпращам

la familia
семейство

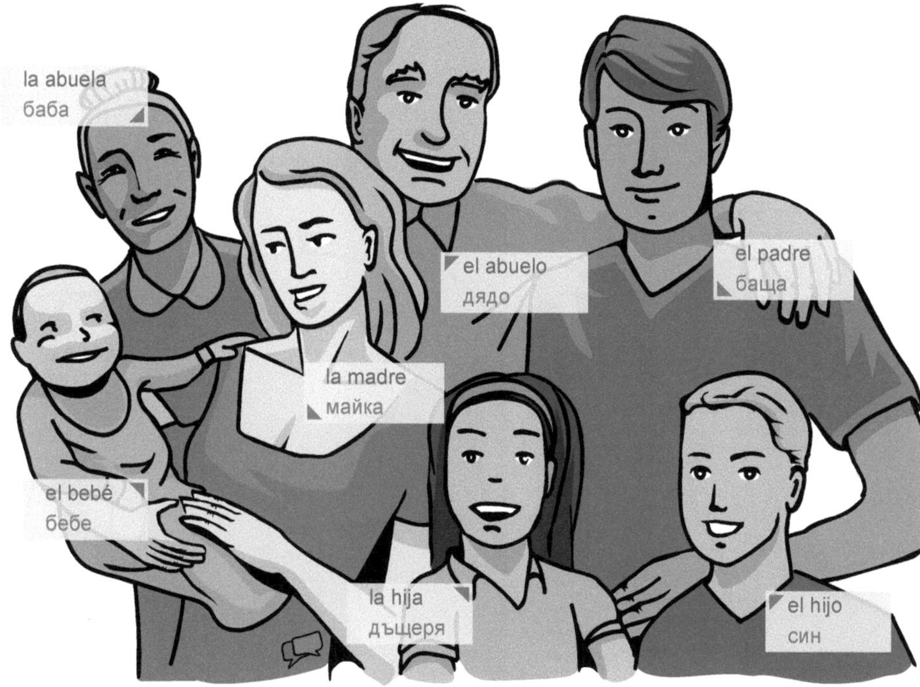

la abuela
баба
el abuelo
дядо
el padre
баща
la madre
майка
el bebé
бебе
la hija
дъщеря
el hijo
син

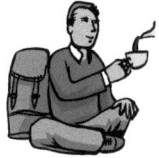

el invitado

посетител

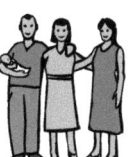

la tía

леля

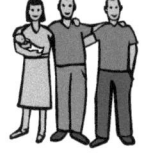

el tío

чичо

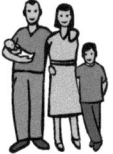

el hermano

брат

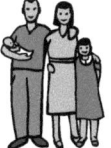

la hermana

сестра

el cuerpo

тяло

la frente
чело
el ojo
око
el hombro
рамо
el dedo
пръст
la cara
лице
la pera
брадичка
la mano
ръка
la pierna
крак
el pecho
гърди
el brazo
ръка

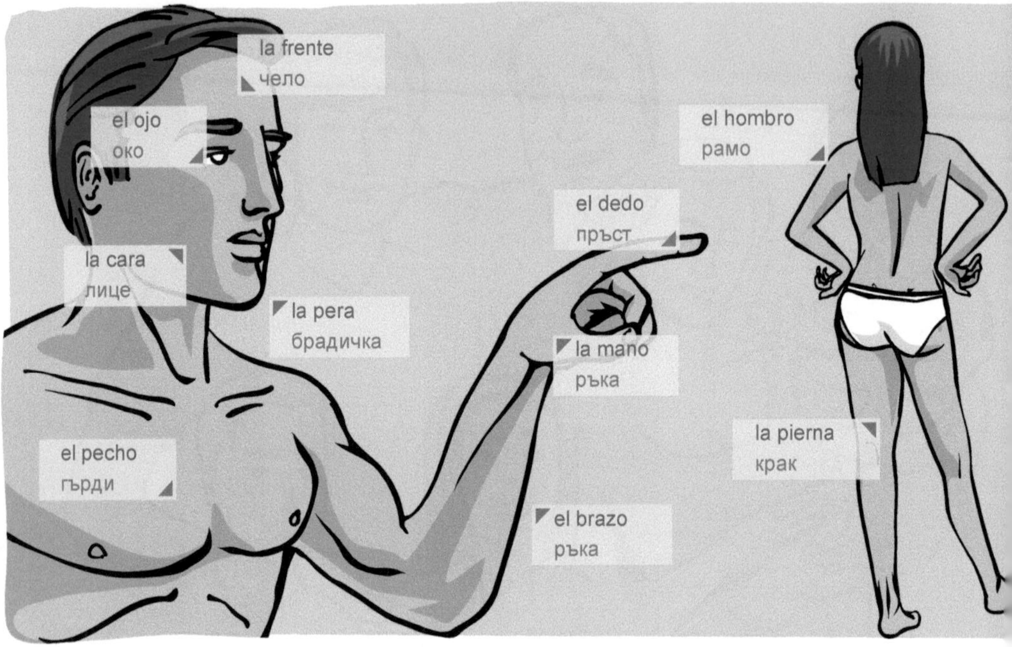

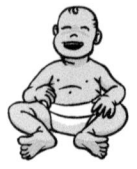

el bebé

бебе

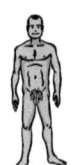

el hombre

мъж

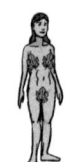

la mujer

жена

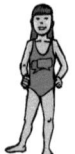

la nena

момиче

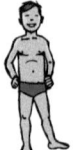

el nene

момче

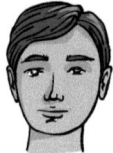

la cabeza

глава

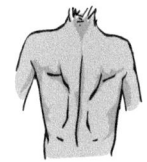

la espalda

гръб

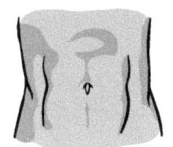

la panza

корем

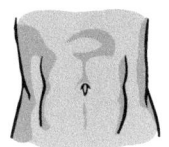

el ombligo

пъп

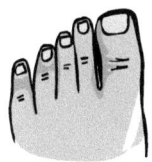

el dedo del pie

пръст на крака

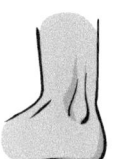

el talón

пета

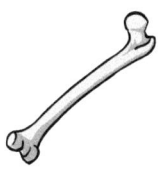

el hueso

кост

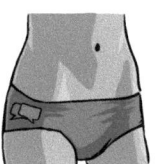

la cadera

хълбок

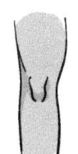

la rodilla

коляно

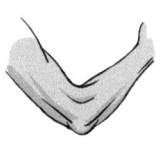

el codo

лакът

la nariz

нос

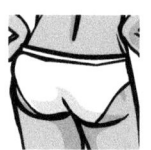

la cola

седалище

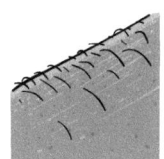

la piel

кожа

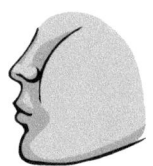

el cachete

буза

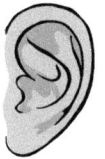

la oreja

ухо

el labio

устна

la boca

уста

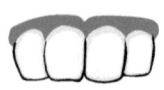

el diente

зъб

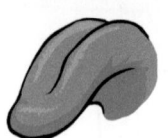

la lengua

език

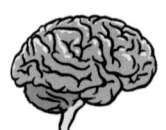

el cerebro

мозък

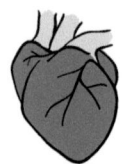

el corazón

сърце

el músculo

мускул

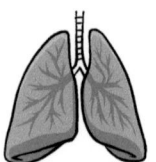

el pulmón

бял дроб

el hígado

черен дроб

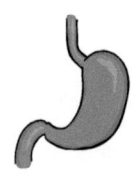

el estómago

стомах

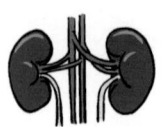

los riñones

бъбреци

el sexo

полово сношение

el preservativo

кондом

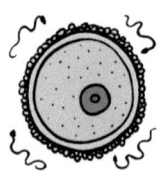

el óvulo

яйцеклетка

el semen

сперма

el embarazo

бременност

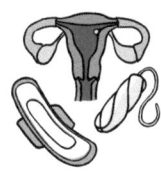

la menstruación

менструация

la vagina

вагина

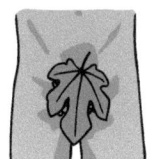

el pene

пенис

la ceja

вежда

el pelo

коса

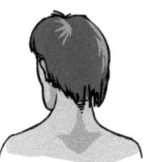

el cuello

шия

el hospital
болница

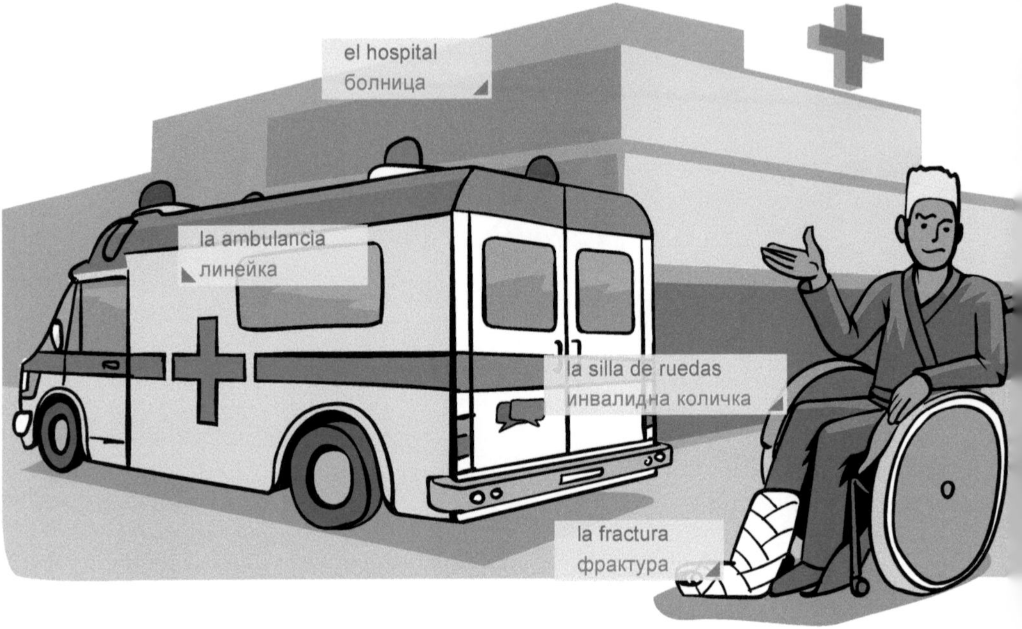

el hospital
болница
la ambulancia
линейка
la silla de ruedas
инвалидна количка
la fractura
фрактура

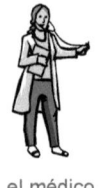

el médico

лекар

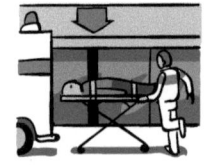

la sala de guardia

спешна хоспитализация

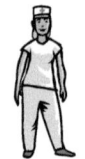

la enfermera

медицинска сестра

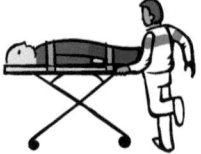

la emergencia

спешен случай

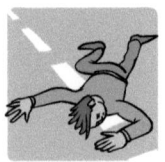

inconsciente

в безсъзнание

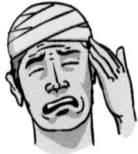

el dolor

болка

la lesión

нараняване

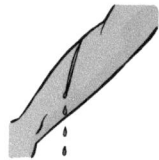

la hemorragia

кървене

el infarto

инфаркт

el ACV

инсулт

la alergia

алергия

la tos

кашлица

la fiebre

температура

la gripe

грип

la diarrea

диария

el dolor de cabeza

главоболие

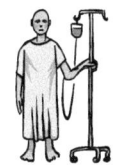

el cáncer

рак

la diabetes

диабет

el cirujano

хирург

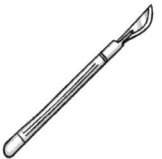

el bisturí

скалпел

la operación

операция

la TC

компютърна томография

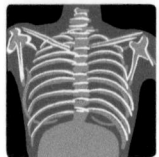

los rayos x

рентген

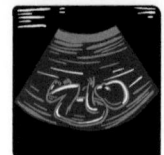

la ecografía

ултразвук

el barbijo

маска

la enfermedad

болест

la sala de espera

чакалня

la muleta

патерица

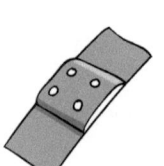

la curita

пластир

la venda

превръзка

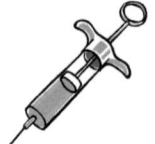

la inyección

инжекция

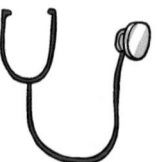

el estetoscopio

стетоскоп

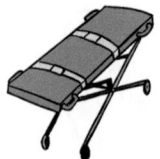

la camilla

носилка

el termómetro

термометър

el nacimiento

раждане

el sobrepeso

наднормено тегло

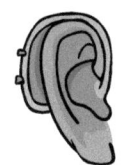

el audífono

слухов апарат

el desinfectante

дезинфекционно средство

la infección

инфекция

el virus

вирус

el VIH / SIDA

HIV / AIDS

el remedio

медицина

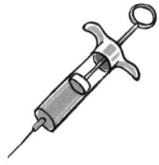

la vacunación

ваксинация

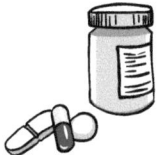

los comprimidos

таблети

la pastilla anticonceptiva

противозачатъчна
таблетка

llamada de emergencia

спешно телефонно
обаждане

el tensiómetro

апарат за измерване на
кръвното налягане

enfermo / sano

болен / здрав

¡Ayuda!

Помощ!

la alarma

сигнал за тревога

la agresión

нападение

el ataque

атака

el peligro

опасност

la salida de emergencia

авариен изход

¡Fuego!

Пожар!

el matafuego

пожарогасител

el accidente

злополука

el botiquín de primeros
auxilios

комплект за оказване на
първа помощ

el SOS

SOS

la policía

полиция

Europa

Европа

América del Norte

Северна Америка

América del Sur

Южна Америка

África

Африка

Asia

Азия

Australia

Австралия

el Atlántico

Атлантически океан

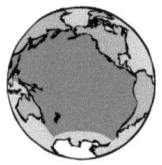

el Pacífico

Тихи океан

el Océano Índico

Индийски океан

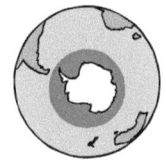

el Océano Antártico

Южен ледовит океан

el Océano Ártico

Северен ледовит океан

el polo norte

Северен полюс

el polo sur

Южен полюс

la Antártida

Антарктида

la Tierra

Земя

la tierra

суша

el mar

море

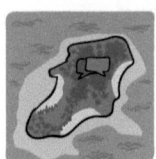

la isla

остров

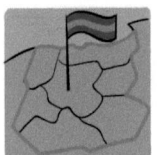

la nación

нация

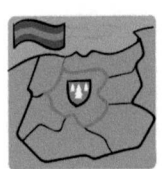

el estado

държава

la esfera

циферблат

la manecilla de las horas

стрелка на часовете

el minutero

стрелка на минутите

el segundero

стрелка на секундите

¿Qué hora es?

Колко е часът?

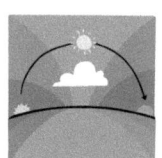

el día

ден

la hora

време

ahora

сега

el reloj digital

дигитален часовник

el minuto

минута

la hora

час

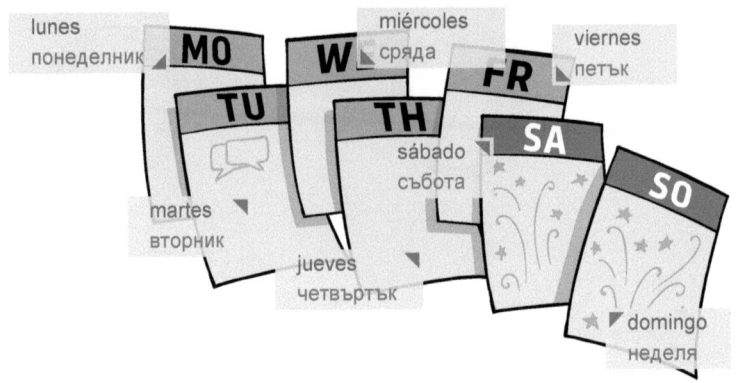

lunes / понеделник
miércoles / сряда
viernes / петък
martes / вторник
jueves / четвъртък
sábado / събота
domingo / неделя

ayer

вчера

hoy

днес

mañana

утре

la mañana

сутрин

el mediodía

обед

la tarde

вечер

MO	TU	WE	TH	FR	SA	SU
1	2	3	4	5	6	7
8	9	10	11	12	13	14
15	16	17	18	19	20	21
22	23	24	25	26	27	28
29	30	31	1	2	3	4

los días hábiles

работни дни

MO	TU	WE	TH	FR	SA	SU
1	2	3	4	5	6	7
8	9	10	11	12	13	14
15	16	17	18	19	20	21
22	23	24	25	26	27	28
29	30	31	1	2	3	4

el fin de semana

уикенд

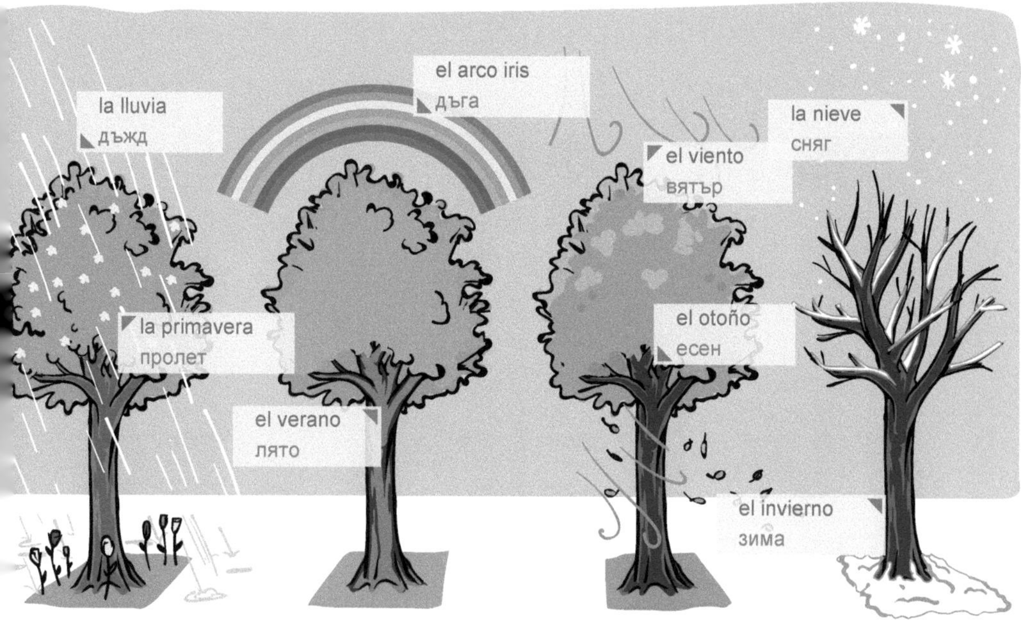

el arco iris
дъга
la lluvia
дъжд
la nieve
сняг
el viento
вятър
la primavera
пролет
el otoño
есен
el verano
лято
el invierno
зима

4.APRIL 11°
5.APRIL 4°
6.APRIL 13°
7.APRIL 8°
8.APRIL 10°

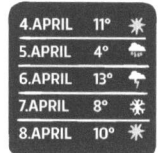

pronóstico meteorológico

прогноза за времето

F C
120 40
90 30
60 20
30 10
0 0
-30 -10
-20

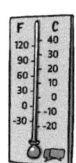

el termómetro

термометър

la luz del sol

слънчева светлина

la nube

облак

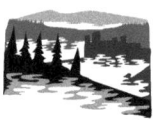

la niebla

мъгла

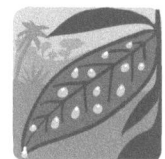

la humedad

влажност на въздуха

el rayo

светкавица

el trueno

гръмотевица

la tormenta

буря

el granizo

градушка

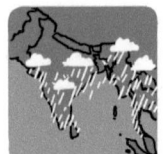

el monzón

мусон

la inundación

наводнение

el hielo

лед

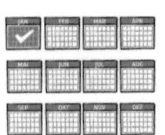

enero

януари

febrero

февруари

marzo

март

abril

април

mayo

май

junio

юни

julio

юли

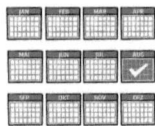

agosto

август

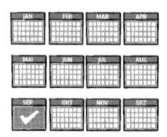

septiembre

септември

octubre

октомври

noviembre

ноември

diciembre

декември

las formas

форми

el círculo

кръг

el cuadrado

квадрат

el rectángulo

четириъгълник

el triángulo

триъгълник

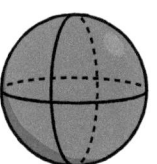

la esfera

сфера

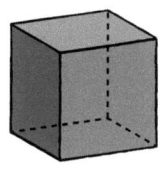

el cubo

куб

colores

цветове

blanco

бял

amarillo

жълт

naranja

оранжев

rosa

розов

rojo

червен

violeta

лилав

azul

син

verde

зелен

marrón

кафяв

gris

сив

negro

черен

mucho / poco

много / малко

enojado / tranquilo

ядосан / спокоен

lindo / feo

красив / грозен

el principio / el fin

начало / край

grande / chico

голям / малък

claro / oscuro

светъл / тъмен

el hermano / la hermana

брат / сестра

limpio / sucio

чист / мръсен

completo / incompleto

пълен / непълен

el día / la noche

ден / нощ

muerto / vivo

мъртъв / жив

ancho / angosto

широк / тесен

comestible / no comestible

ядлив / неядлив

malo / amable

сърдит / любезен

entusiasmado / aburrido

развълнуван / скучаещ

gordo / flaco

дебел / тънък

primero / último

най-напред / най-накрая

el amigo / el enemigo

приятел / враг

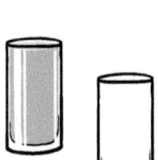

lleno / vacío

пълен / празен

duro / blando

твърд / мек

pesado / liviano

тежък / лек

el hambre / la sed

глад / жажда

enfermo / sano

болен / здрав

ilegal / legal

нелегален / легален

inteligente / estúpido

интелигентен / глупав

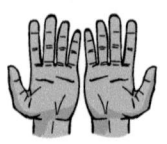

izquierda / derecha

ляво / дясно

cerca / lejos

близо / далече

nuevo / usado

нов / употребяван

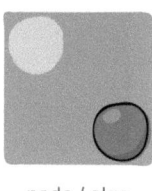

nada / algo

нищо / нещо

viejo / joven

стар / млад

encendido / apagado

вкл. / изкл.

abierto / cerrado

отворен / затворен

silencioso / ruidoso

тих / силен (звук)

rico / pobre

богат / беден

correcto / incorrecto

правилен / погрешен

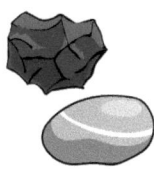

áspero / suave

грапав / гладък

triste / contento

тъжен / щастлив

corto / largo

дълъг / къс

lento / rápido

бавен / бърз

mojado / seco

мокър / сух

caliente / frío

топъл / студен

guerra / paz

война / мир

0

cero

нула

1

uno

едно

2

dos

две

3

tres

три

4

cuatro

четири

5

cinco

пет

6

seis

шест

7

siete

седем

8

ocho

осем

9

nueve

девет

10

diez

десет

11

once

единадесет

12
doce

дванадесет

13
trece

тринадесет

14
catorce

четиринадесет

15
quince

петнадесет

16
dieciséis

шестнадесет

17
diecisiete

седемнадесет

18
dieciocho

осемнадесет

19
diecinueve

деветнадесет

20
veinte

двадесет

100
cien

сто

1.000
mil

хиляда

1.000.000
el millón

милион

el inglés

английски

el inglés americano

американски английски

el chino mandarín

китайски мандарин

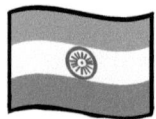

el hindi

хинди

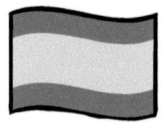

el español

испански

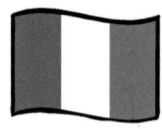

el francés

френски

el árabe

арабски

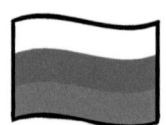

el ruso

руски

el portugués

португалски

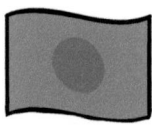

el bengalí

бенгалски

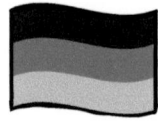

el alemán

немски

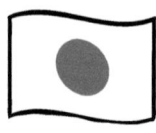

el japonés

японски

yo

аз

vos

ти

él / ella

той / тя / то

nosotros

ние

ustedes

вие

ellos

те

¿quién?

кой?

¿qué?

какво?

¿cómo?

как?

¿dónde?

къде?

¿cuándo?

кога?

el nombre

име

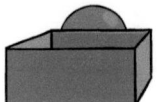

detrás

зад

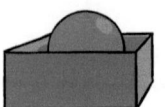

en

в

adelante de

пред

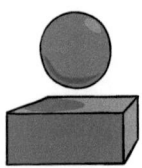

por encima de

над

sobre

върху

debajo de

под

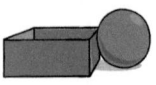

al lado de

до

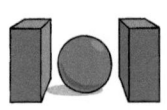

entre

между

el lugar

място